Inhalt

Lesestrategien

Autorin: Petra Schnelle

Das Kapitel **Der Satz und seine Wörter** beginnt auf Seite 21.

Liest du gern?

1 Vervollständige die Sätze.

Lesen ist für mich immer ________________, *wenn/weil*

________________________________.

Lesen ist für mich manchmal ________________, *wenn/weil*

________________________________.

Lesen ist für mich nie ________________, *wenn/weil*

________________________________.

2 Notiere. Wann fällt dir das Lesen leichter?
Wann macht dir Lesen Spaß? Begründe.

Wann fällt dir das Lesen schwerer?
Wann liest du ungern? Begründe.

3 Warum liest du?

1 Was tust du, wenn beim Lesen Schwierigkeiten auftreten oder du einen Text nicht verstehst? Schreibe auf.

2 In dem Zeitungsartikel wird ein Lesetraining vorgestellt, welches das Lesen erleichtert. Lies den Zeitungsartikel. Markiere alle wichtigen Infos.

3 Markiere schwierige Textstellen in einer anderen Farbe.

Lesen mit Köpfchen

In Deutschland sorgt ein neues Lesetraining für Aufregung. Es wurde in Amerika entwickelt. Dort haben die Forscher „Vier Schlüssel für mehr Leseerfolg" entdeckt. Die vier „Schlüssel" helfen dabei, Sachtexte, Gedichte oder Geschichten besser zu verstehen.
Dies sind die Schlüssel.

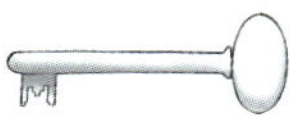
Fragen zum Text stellen – Antworten geben

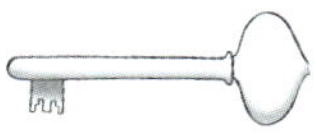
Wichtige Textpassagen zusammenfassen.

Unbekannte Begriffe, schwierige Textabschnitte klären.

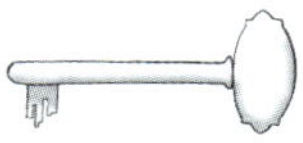
Eigene Ideen entwickeln – wie könnte es weitergehen?

Wie verläuft das Training?

Gelesen wird in Gruppen von 4–6 Kindern. Die Lesetexte sind in Abschnitte eingeteilt. Bei jedem Abschnitt schlüpft ein anderes Kind der Gruppe in die „Lehrerrolle". Wenn alle Kinder einen Abschnitt still gelesen haben, liest das „Lehrerkind" den Abschnitt noch einmal laut vor. Dann lässt es den Lesetext bearbeiten. Dabei werden alle vier Schlüssel in der Reihenfolge 1–4 angewandt.

Was ist das Tolle an dem Training?

Bereits nach wenigen Trainingswochen haben auch schwächere Leser deutlich weniger Leseprobleme. Aber auch für gute Leser sind die vier Schlüssel hilfreich. Denn durch das Anwenden der vier Schlüssel gelingt es ihnen, sogar schwierige Texte zu knacken. Na, neugierig geworden? Dann probiert das Lesetraining doch einfach mal aus! Vielleicht habt ihr ja Lust, mit euren Lehrern und Mitschülern das Lesen neu zu entdecken?

4 Tausche dich mit einem Partner über wichtige Informationen und schwierige Textstellen aus. Schreibt jede Frage, die ihr zu dem Lesetraining habt, auf eine Karte.

5 Tauscht euch in der Gruppe aus. Sammelt offene Fragen, und verteilt alle Fragekarten an die Gruppenmitglieder.

Warum könnte das Lesetraining für dich nützlich sein?

Tipp:

Denke an W-Fragewörter.

1 Sammelt in der Gruppe Fragewörter auf der „Reisenden Karte“.

2 Übertrage die Fragewörter der Klasse sauber in das Kästchen.

Zoo- oder Kinobesuch?

– Das ist hier die Frage –

Herr und Frau Ritter möchten in den Osterferien mit ihren Kindern etwas unternehmen. Herr Ritter bekommt jedoch keinen Urlaub und muss immer bis 16 Uhr arbeiten. Die drei Söhne schlagen einen Kinobesuch vor. Frau Ritter und ihre Tochter Anna würden lieber in den Zoo fahren. Herr Ritter ruft am Freitag im Zoo an. Er erfährt: Im März und April werden im Zoo gerade viele Gehege neu angelegt. Anna ist enttäuscht. Der Zoo bleibt also in den Osterferien geschlossen. Annas Bruder Oskar sucht in der Tageszeitung nach dem aktuellen Kinoprogramm, findet es aber nicht. Herr Ritter bittet seine ältesten Söhne Lars und Tim, genauere Informationen zu neuen Kinofilmen herauszufinden. Sie beschließen, im Internet danach zu suchen.

3 Notiere drei Fragen zum Text auf Notizzetteln, deren Antworten du im Text findest. Markiere die Antwort.
Beispielfrage: Wann bleibt der Zoo geschlossen?
Antwort: In den Osterferien.

4 Einige dich mit deinem Partner auf fünf Fragen.
Schreibt jede Frage auf eine Karte.
Schreibt die Antwort auf die Rückseite.

5 Setzt euch zu viert zusammen. Spielt das Jeopardy-Quiz.
Ziel ist es, möglichst viele richtige Fragen zu formulieren.

Jeopardy-Spielregeln:

Gruppe 1 nennt eine Antwort.
Gruppe 2 formuliert die passende Frage dazu.
Danach wird gewechselt. Für jede richtig gestellte Frage gibt es einen Punkt.
Die Gruppe mit den meisten richtigen Fragen gewinnt.

Da der Zoo geschlossen ist, entscheidet sich Familie Ritter für den Kinobesuch. Auch Frau Ritter und Anna möchten mitgehen. Welche Vorstellung ist am günstigsten? Wie viel kosten die Getränke und die Snacks? Anna und ihre drei Brüder brauchen nun dringend deine Hilfe, denn die ausgedruckten Internetseiten enthalten viele Rätsel, die gelöst werden müssen.

Tipp:

Markiere wichtige Infos.

1 Lies die Internetseite, die dein Lehrer verteilt, gut durch.

2 Sammle mit einem Partner, der den gleichen Text hat, wichtige Infos. Übertrage sie in das Kinobild.

3 Welche Informationen fehlen euch noch? Notiert eure Fragen.

Notiert neue Infos zuerst auf einem Zettel.

4 Trefft euch mit zwei Kindern, die eine andere Internetseite gelesen haben.
Versucht durch geschicktes Fragen die fehlenden Informationen herauszufinden. Beim Fragen und Antworten dürft ihr eure Texte nicht austauschen.

5 Ergänzt alle neuen Informationen in dem Kinobild auf S. 5.

6 Schätze deine Leistung ein.
Kreuze an: ☺ sehr gut, 😐 teilweise, ☹ gar nicht.

Ich habe …	☺	😐	☹
… nach Fragen und Anworten gesucht.			
… sinnvolle Fragen gestellt.			
… richtige Anworten gefunden/gegeben.			

7 Jetzt fehlen noch die Antworten auf zwei wichtige Fragen. Wann sollte Familie Ritter ins Kino gehen? Und: Wie teuer ist der Kinobesuch, wenn Herr Ritter jedem Kind etwas zum Naschen und ein Getränk spendiert? Rechne und notiere deine Antworten.

Antworten: ____________________

1 Lies den Expertentext, den dein Lehrer austeilt, genau durch. In dem Text stehen wichtige und weniger wichtige Infos über deine Hunderasse.
Markiere die fünf wichtigsten Infos.

Bei der Suche nach den wichtigsten Infos helfen dir die Stichpunkte an der Tafel.

2 Diskutiere in deiner Fachgruppe. Welche Informationen sind wirklich wichtig?

3 Fasst die wichtigsten Informationen zu eurer Hunderasse kurz zusammen.

Gespräche unter Hunde-Experten

4 Halte einen kurzen Expertenvortrag über deine Hunderasse.

5 Notiere wichtige Infos zu den anderen vorgestellten Rassen.

6 Schätze deine Leistung ein.
Kreuze an: ☺ sehr gut, 😐 teilweise, ☹ gar nicht.

Ich habe …	☺	😐	☹
… wichtige Informationen gefunden.			
… über wichtige und unwichtige Infos diskutiert.			
… die wichtigsten Infos zusammengefasst.			

Tipp:

Übe deinen Vortrag in der Gruppe, wenn du unsicher bist.

1 Lies das Bewerbungsschreiben, das dein Lehrer austeilt. Markiere wichtige Infos.

2 Fasst in eurer Gruppe die wichtigsten Infos in einem Steckbrief zusammen.

3 Schätze deine Leistung ein. Kreuze an wie auf Seite 8.

Ich habe …	☺	😐	☹
… wichtige Informationen gefunden.			
… über wichtige und unwichtige Infos diskutiert.			
… wichtige Textaussagen zusammengefasst.			

Mein Lieblingshund

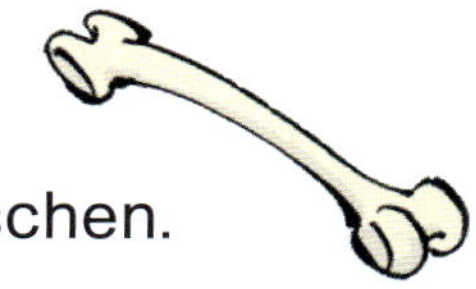

4 Du darfst dir einen Hund wünschen. Welchen? Warum?

Steckbrief eines Hundeliebhabers

5 Wie sieht dein persönlicher Steckbrief aus? Fasse alle wichtigen Informationen über dich in Stichpunkten zusammen.

Name:

Mutter, Vater:

7 Bist du ein Computer-Spezialist?

Sicherlich hast du schon am Computer gearbeitet. Dann kennst du auch einige Wörter aus der Computer-Fachsprache. Die meisten Wörter der Computersprache kommen aus dem Englischen.

1 Schau dir die Bilder an, und überprüfe, ob du die Fachwörter kennst. Schreibe die Fachbegriffe zu den Bildern.

2 Vergleiche und tausche dich mit einem Partner aus.

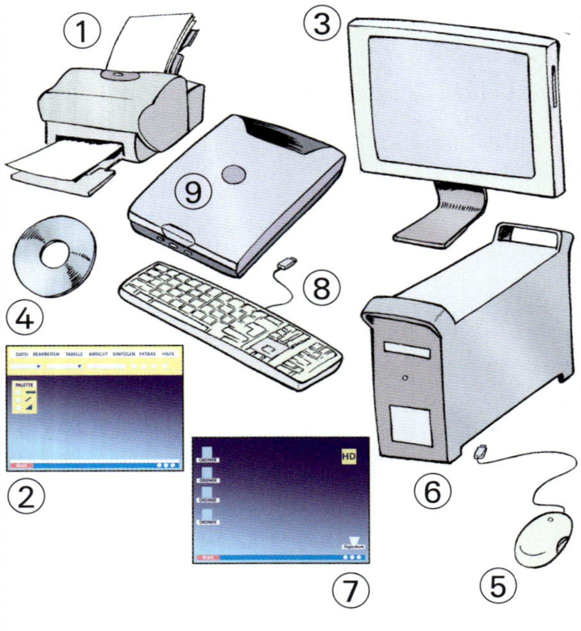

① der _ _ _ c k _ _

② das _ _ _ ü

③ der _ o _ _ _ _ _

④ die _ _ - R _ _

⑤ die _ _ _ _

⑥ der _ o w _ _

⑦ der D _ _ _ t _ p

⑧ die _ a _ _ _ _ _ r

⑨ der _ c _ _ n _ _

3 Notiere unbekannte Fachbegriffe mit Erklärung in deinem Lexikon.

Mein persönliches Computer-Lexikon

Computer: Rechner

4 Lies zuerst den Text aufmerksam durch.
Achte besonders auf die *Umschreibungen*.

5 Suche beim zweiten Lesen in der Box die passenden Fachbegriffe. Schreibe die richtige Zeilennummer zu jedem Fachbegriff.

6 Vergleiche mit einem Partner. Schlagt unbekannte Begriffe in eurem Computer-Lexikon nach.

Ines hat Niklas einen *runden Datenträger* mit Spielen ausgeliehen. Niklas schaltet seinen *Rechner* an. Er möchte das neue *Programm* einbauen. Auf dem *Bildschirm* erscheint die *Benutzeroberfläche*. Niklas bewegt mit dem *Rollgerät* den *Pfeil*. Niklas *markiert* zuerst die Felder „Arbeitsplatz“ und „CD“. Er schaut sich die *Programmauswahl* an. Die meisten Spiele gefallen ihm. Gut, dass er eine neue *Zeichnungskarte* eingebaut hat. Leider darf er fremde Spiele nicht *abschreiben* … Also *entfernt* er das Programm wieder.

___ die Grafikkarte
___ der Monitor
___ der Desktop
___ der Computer (Compjuter)
___ deinstallieren
___ das Menü
___ installieren
7 klickt an
___ die Software (Softwär)
___ die CD-ROM
___ der Cursor (Körser)
___ die Maus
___ kopieren

7 Teilt den Text auf, und übt das Lesen.
Ersetzt dabei die *Umschreibungen* durch Fachbegriffe.
Lest euch gegenseitig vor.

8 Welche Möglichkeiten kennst du, um Fachbegriffe zu klären?

Tipp:
Durch das Ersetzen ändern sich einige Artikel.

Suche Leute, die …		
… wissen, was ein Cursor ist.	… den Unterschied zwischen Hardware und Software kennen.	… ein anderes Wort für Computer kennen.
… wissen, was „deinstallieren“ bedeutet.	… einen Datenträger benennen können.	… wissen, was ein Monitor ist.
… wissen, was eine Maus mit Computern zu tun hat.	… das Wort Internet übersetzen können.	… erklären können, was man im Internet alles machen kann.

1 Sprich zu jedem Punkt verschiedene Klassenkameraden an. Schreibe den Namen des Kindes, das dir Auskunft geben kann, in das passende Feld.
Gib selbst Auskunft, so gut du kannst.

2 Markiere die Fachbegriffe, die du erklären konntest.

3 Schreibe die übrigen Fachbegriffe mit Erklärung in dein Lexikon.

Tipp:

Schlage unbekannte Fachbegriffe nach.

Mein persönliches Internet-Lexikon

Am nächsten Tag gibt Niklas Ines die CD mit den Spielen zurück. Die Kinder tauschen Spieltipps aus. Sie unterhalten sich auch über das Internet.

4 Lies dir genau durch, was Niklas und Ines über das Internet erzählen.

5 Kinder mit dem Niklas-Text markieren alle Fachwörter. Kinder mit dem Ines-Text markieren mögliche Erklärungen für die Fachwörter.

6 Vergleiche deine Markierungen mit einem Partner, der den gleichen Text hat.

Wie verläuft das Gespräch zwischen Ines und Niklas?

Tipp:

Eure Markierungen helfen euch beim Ordnen.

7 Trefft euch mit zwei Kindern, und ordnet eure Ines- und Niklas-Texte in der richtigen Reihenfolge.

8 Schreibt die gefundenen Fachbegriffe in die Sprechblasen.

9 Vergleicht eure Ergebnisse mit einer anderen Gruppe.

10 Schlage schwierige Fachbegriffe noch einmal nach. Ergänze dein persönliches Lexikon.

1 Lies den Text. Markiere schwierig zu lesende Wörter. Vielleicht kann dir dein Nachbar schwierige Wörter vorlesen?

2 Wie stellst du dir die gesuchte Person vor? Tausche mit deinem Nachbarn erste Ideen aus.

Wer ist's?

Das Krinsken sieht sehr monzig aus. Auf dem Kopf hat es makelige Runseln. Links und rechts am Kopf stehen zwei feuselige Ompfen ab. Seine Augen schauen fast immer frinchig. Auf der Nase hat es viele Somascheln. Unter der Nase sitzt ein wirklich rumpsiger Mund mit schameligen Zähnen. Das Krinsken trägt ein kanselliges Tamuffel. Unter dem Tamuffel schaut eine bansische Honsel mit weißen Funikeln hervor. An den makseligen Beinen trägt es liffige Stumpen, links getriffelt, rechts schwinsig. Die Füße stecken in viel zu ronsigen, schwinsigen Krumps. Das sieht sehr pomsisch aus.

3 Kläre mit deinem Partner, wie ihr bei Aufgabe 4 vorgehen könnt.

Bestimmt hast du dir schon überlegt, wie die beschriebene Fantasiefigur aussehen könnte.
Ähnelt sie einer der Fantasiefiguren hier und auf Seite 14?
Oder sieht sie ganz anders aus?

4 Beschreibe nun **deine** Fantasiefigur genau.
Ersetze dabei die Fantasiewörter im Lückentext durch Nomen und Adjektive, die du kennst.

Wer ist's?

Das ______________ sieht sehr ______________ aus.

Auf dem Kopf hat es ______________ ______________.

Links und rechts am Kopf stehen zwei ________ ________ ab.

Seine Augen schauen fast immer ______________.

Auf der Nase hat es viele ______________.

Unter der Nase sitzt ein wirklich ______________ Mund mit ______________ Zähnen.

Das ______________ trägt ein ______________ ______________.

Unter dem ______________ schaut eine ______________ ______________ mit weißen ______________ hervor.

An den ______________ Beinen trägt es ______________ ______________, links ______________, rechts ______________.

Die Füße stecken in viel zu ______________, ______________ ______________.

Das sieht sehr ______________ aus.

Tipp:
Aufgabe 4 wird leichter, wenn du im Text zuerst alle Körperteile markierst.

Tipp:
Die Wörter in der Tabelle **auf Seite 16** können dir vielleicht helfen.

Wer ist's?

zu S. 15, Aufgabe 4:
Fällt dir die Beschreibung deiner Fantasiefigur schwer?
Vielleicht helfen dir folgende Wörter:

Nomen		
das Mädchen	die Pickel	die Warzen
das Kind	die Pantoffeln	die Haare
das Ungeheuer	die Stiefel	die Zöpfe
das Pferd	die Ohren	die Hose
die Sommersprossen	das Fell	das Gewand

Adjektive		
lockig	frech/nett	rot/gelb/...
strubbelig	freundlich/böse	riesig/winzig
dick/dünn	hässlich/hübsch	breit/schmal
gefährlich	lustig/traurig	scharf
geflickt	gestreift/kariert	gepunktet

5 Zeichne deine Fantasiefigur heimlich auf ein leeres Blatt.

6 Übe deinen Text lesen.

7 Beschreibe einem Partner deine Figur, so dass er sie zeichnen kann.

8 Zeichne selbst eine Figur nach der Beschreibung deines Partners.

Tipp:

Du kannst auch deine Beschreibung vorlesen. Lies bitte langsam.

1 Zeichne auf.

2 Wie könnte die Pippi-Langstrumpf-Geschichte weitergehen? Notiere in Stichpunkten.

... in der Konditorei:

... beim Arzt:

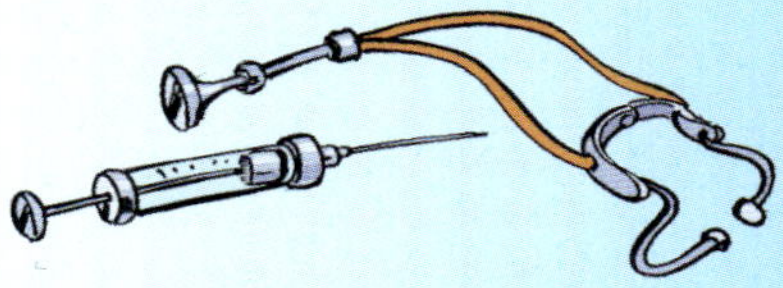

... bei den beiden Damen:

3 Schätze deine Leistung ein, und kreuze an:
☺ sehr gut, 😐 teilweise, ☹ gar nicht.

Ich habe ...	☺	😐	☹	☺	😐	☹
... mir eigene Gedanken gemacht/Ideen gehabt.						
... meine Ideen formuliert/notiert/gezeichnet.						
... anderen meine Ideen mitgeteilt.						

4 Bist du auch ein Wort-Erfinder?
Wie heißt dein Fantasiewort?

11 Lesen in der Gruppe macht schlau

Natürlich helfen dir die Schlüssel auch, wenn du für dich allein liest.

Gruppenleser aufgepasst! Dies sind die vier Schlüssel zu mehr Leseerfolg beim Lesen in der Gruppe.

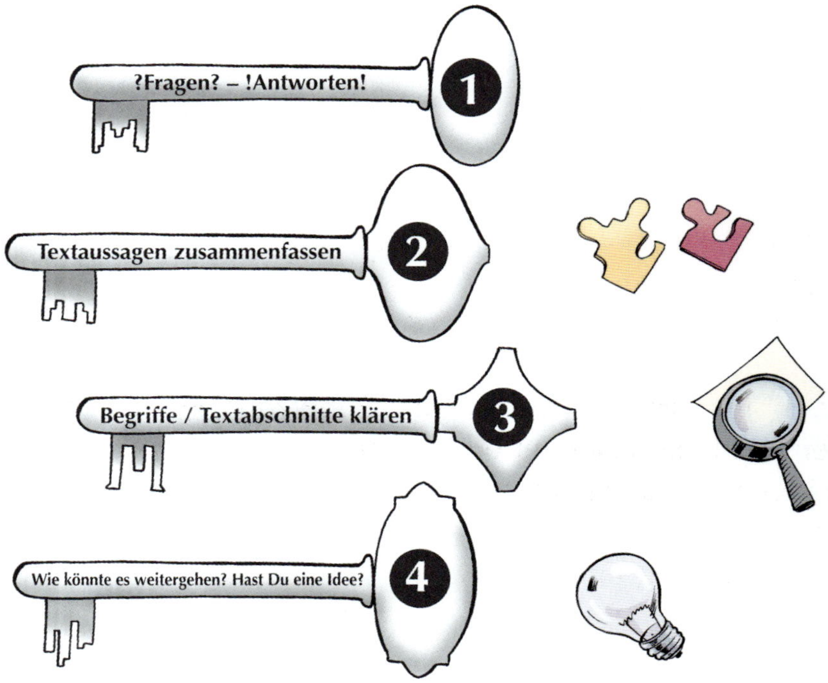

1 Lest den Text „So könnte der Mensch …“ (S. 19 – 20) in der Gruppe.
Beachtet dabei die Reihenfolge der vier Schlüssel.
Und nun viel Spaß beim Lesen!

2 Zeichne ein: Wie zufrieden bist du mit deiner Leseleistung: ☺ sehr zufrieden, 😐 teilweise, ☹ gar nicht.

1. ? Fragen ? und ! Antworten !	
2. Textabschnitt zusammenfassen 	
3. Begriffe/Textabschnitte klären 	
4. Wie könnte es weitergehen? Hast du eine Idee? 	

3 Auf welchen Schlüssel willst du in der nächsten Leserunde mehr achten?
Auf den Schlüssel Nr. ________.

So könnte der Mensch auf den Hund gekommen sein

Denk daran:
Nach jedem Abschnitt wechselt der „Lehrer“.

A

Durch das hohe Gras ziehen Menschen. Es ist eine kleine Gruppe wilder Gestalten. Sie tragen Speere mit Knochenspitzen, einige haben sogar Pfeil und Bogen.

Sie sehen wie die heutigen Menschen aus, aber sie benehmen sich anders.

Sie müssen befürchten, dass überall Gefahren lauern.

Die Stimmung ist gedrückt. Ihr Anführer, ein erfahrener Jäger, ist vor kurzer Zeit von einem Säbelzahntiger getötet worden. Sie haben Hunger und leiden unter Schlafmangel.

Noch immer haben sie keinen guten Lagerplatz gefunden, wo sie Feuer machen und das letzte Stück von einem Wildschwein braten können.

B

Plötzlich bleiben alle stehen. Sie haben etwas gehört. Diesen Laut kennen sie. Jetzt wissen sie: Da draußen sind Wölfe.

Vielleicht folgen die Wölfe ihnen.

Auf einmal tut der neue junge Anführer etwas, was keiner der anderen verstehen kann. Er trennt ein Stück von dem Fleisch ab und wirft es auf den Boden.

Als sie schließlich alle am Feuer sitzen und satt und müde sind, hören sie das Heulen wieder. Alle blicken auf den jungen Anführer.

Wieder macht er etwas ganz Unverständliches:

Er steht auf, nimmt die Knochen, die von der Mahlzeit übrig geblieben sind, geht aus dem Feuerschein heraus in die Dunkelheit und wirft die Knochen rings um das Feuer auf den Boden.

C

In dieser Nacht kann die Menschengruppe schlafen.

Wie immer bewacht einer von ihnen das Feuer. Die Wölfe schleichen um das Lager. Das Feuer hält sie von den Menschen fern. Aber die Wölfe sind gute Wächter. Die Menschen würden sofort hören, wenn andere wilde Tiere in ihre Nähe kämen.

Am nächsten Morgen sind die Jäger gut ausgeschlafen.

In den folgenden Nächten wirft keiner mehr Steine nach den Wölfen, die das Lager im großen Bogen umkreisen.

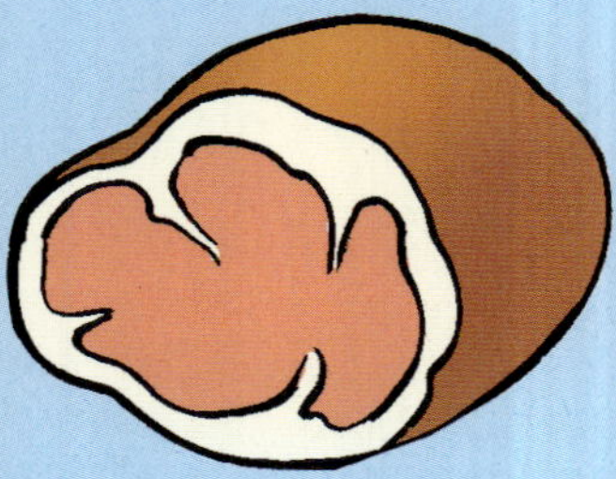

D

Viel Zeit ist seither vergangen. Die Wölfe fürchten sich immer weniger vor den Menschen. Immer wieder kommt es vor, dass die Menschen den Tieren von ihrer Nahrung abgeben.
So könnte es gekommen sein, dass die Tiere den Menschen immer häufiger mit großem Abstand auf der Jagd gefolgt sind.
Ganz mutige Tiere wagen sich sogar immer näher an den Menschen heran.

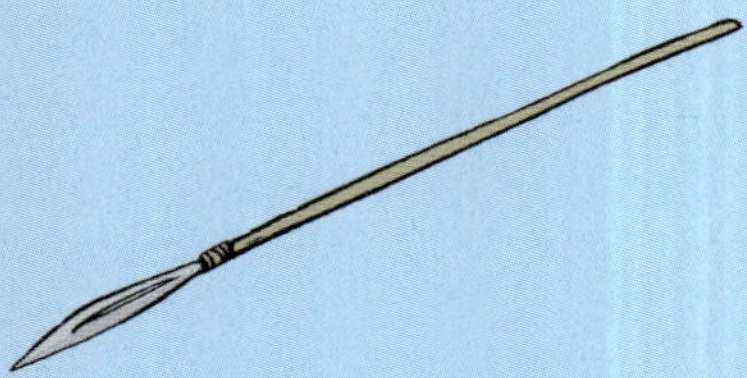

E

Einmal könnte auf der Jagd etwas ganz Besonderes passiert sein:
Die Jäger treffen ein großes Tier – vielleicht ein wildes Pferd – mit einem Speer. Das Pferd ist aber nur verwundet. Es kann noch fliehen. Die Jäger folgen der Spur des verletzten Tieres, und die Wölfe folgen den Jägern.
Sie riechen das Blut des verletzten Tieres.

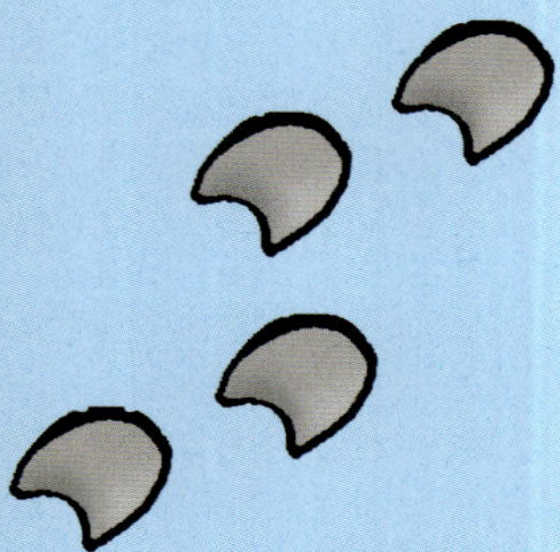

F

Nach einigen Stunden der Verfolgung ist die Spur auf einmal zu Ende. Die Jäger können nichts mehr erkennen.
Was ist nur geschehen?
Das wilde Pferd hat seine Verfolger getäuscht. Es ist auf der eigenen Spur zurückgegangen.
An der Stelle, wo der Boden hart ist und wo viele Büsche stehen, ist es nach links abgebogen.
Das haben die Menschen nicht bemerkt.

G

Auf einmal hören die Menschen das Heulen der Wölfe.
Sie hören es hinter sich, aber weit weg und von der Seite.
Wie kann das sein?
Das verwundete Pferd konnte die Wölfe nicht täuschen.
Wölfe verlieren niemals eine blutige Spur. Sie sind bei dem Buschwerk rechts abgebogen.
Die Jäger kehren um und rennen in die Richtung, aus der sie das Geheul der Wölfe hören. Als sie ankommen, sehen sie, wie sich das Pferd gegen die Wölfe wehrt.
Es schlägt nach allen Seiten aus.
Die Jäger umzingeln das Pferd. Diesmal treffen mehrere Speere das Tier. Und diesmal überlassen die Jäger den Wölfen ein besonders großes Stück ihrer Beute.
Vielleicht hat da einer der Wölfe zum ersten Mal einen Menschen angewedelt.

Inhalt

Der Satz und seine Wörter

Autorin: Petra Schnelle

1 Beschrifte alle Karteikästen.

2 Überlege, wie du die Karten den Karteikästen zuordnen kannst. Tausche dich mit einem Partner aus.
Ordne dann zu.

Pronomen sind „Stellvertreter“ der Nomen.

der Affe	das Futter	
brüllen	streicheln	
fressen	der Käfig	
glatt	schälen	
du	schläfrig	
ihr	die Tierärztin	gestreift
weich	reinigen	es
gefährlich	das Zebra	die Giraffe

3 Zeichne eine Wortarten-Tabelle mit vier Spalten auf ein Blatt. Schreibe jeden Fachbegriff, zum Beispiel Nomen, als Überschrift über eine Spalte. Ordne und schreibe dann die Wörter in die Tabelle.

4 Zeichne in jede der vier Spalten das passende Würfelbild (⚀ ⚁ ⚂ ⚃).
Spiele mit deiner Gruppe das Würfelspiel.
Welche Gruppe findet die meisten neuen Wörter?

Wortartenspiel:

Ihr würfelt im Uhrzeigersinn. Der jüngste Spieler beginnt. Das Würfelbild gibt an, zu welcher Wortart der Spieler ein neues Wort nennen soll. Bei einer ⚄ oder ⚅ darf sich der Spieler die Wortart aussuchen. Notiert alle neuen Wörter in der Tabelle.

Viel Spaß bei der Satzsuche mit dem Leoparden!

1 Lies genau.

2 Entscheide und kreuze an.

3 Notiere in Stichpunkten.

Aufgabe 2 fällt dir leichter, wenn du dir die Sätze laut vorliest.

1. Interessantes über Leoparden	2. Liegt hier ein Satz vor? x		3. Was fällt dir an den Sätzen auf?
A) Ich sehe mir im Zoo am liebsten die Leoparden an.	ja	nein	
B) schleicht vorsichtig	ja	nein	
C) Wusstest du, dass schwarze Leoparden auch Panter genannt werden?	ja	nein	
D) Leoparden häufiger kranke als gesunde Tiere töten	ja	nein	
E) Der Leopard	ja	nein	
F) Weil Leoparden wie Katzen gute Kletterer sind, können sie ihre Beute auch auf Bäume verfolgen.	ja	nein	
G) Leoparden in dichtem Urwald, im Gebirge und in der Steppe	ja	nein	
H) Was ist das nur für ein herrliches Leopardenfell!	ja	nein	

Viel Spaß bei der Satzsuche mit dem Gorilla!

4 Lies genau.

5 Entscheide und kreuze an.

6 Notiere in Stichpunkten.

Interessantes über Gorillas	**Liegt hier ein Satz vor?** x		**Was fällt dir an den Sätzen auf?**
A) Ich besuche im Zoo am liebsten die Gorillas.	ja	nein	
B) Gorillas im Gegensatz zu anderen Affen seltener in Bäumen klettern	ja	nein	
C) Der Gorilla	ja	nein	
D) Was sind das nur für niedliche Gorillababies!	ja	nein	
E) frisst	ja	nein	
F) Weil ihr Lebensraum immer knapper wird, gehören Gorillas zu den bedrohten Tierarten.	ja	nein	
G) Wusstest du, dass Gorillas sich abends ein Schlafnest bauen?	ja	nein	
H) Gorillas in großen Gemeinschaften zusammen	ja	nein	

7 Kontrolliere mit deinem Nachbarn Satz für Satz deine Notizen.

8 Vergleicht in der Vierergruppe eure Leoparden- und Gorillasätze. Welche sind ähnlich?

Leopard	A	B	C	D	E	F	G	H
Gorilla								

So klingt es besser: 

Du hast bestimmt herausgefunden, dass es verschiedene Satzarten gibt. Außerdem klingen einige „Sätze" komisch, weil sie unvollständig sind oder die Wörter an der falschen Stelle stehen. Kannst du diese komischen „Sätze" so verändern, dass sie richtig klingen?

Aufgepasst!
Satzanfänge werden großgeschrieben!

Beispiel: Der Leopard
verbesserter Satz: Der Leopard ist ein Einzelgänger.

Klingen deine Sätze richtig? Lies sie laut vor.

9 Notiere hier verbesserte und ergänzte Leoparden- und Gorillasätze.

3 Jeder Satz hat seine Ordnung

Die Wörter im Satz sind zu Satzgliedern angeordnet.
Ein Satzglied kann aus mehreren Wörtern bestehen.

Achtung Fachbegriff!
Satzglied – das Satzglied
Satzglieder können aus einem oder mehreren Wörtern bestehen.

Achtung Fachbegriff!
Prädikat – das Prädikat

In sinnvollen Sätzen haben die Wörter eine bestimmte Reihenfolge.
Kannst du aus Wörtern einen Satz „puzzeln“?

Hier ist ein Beispiel:

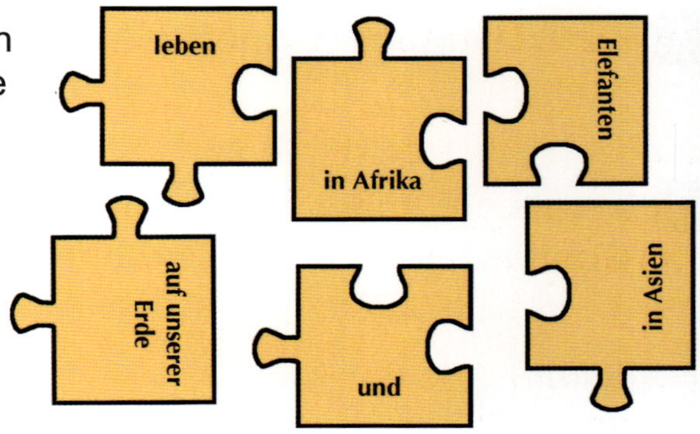

1 Formuliere den Beispielsatz um. Notiere.

Noch mehr Satzpuzzle über Elefanten

2 Lege mit dem Satzpuzzle, das dein Lehrer dir austeilt, drei verschiedene Sätze. Stelle dazu die Satzglieder immer wieder um.

3 Schreibe alle Sätze auf, die für dich richtig klingen, und markiere die Verben im Satz.

4 Vergleiche deine Sätze mit einem Partner. Macht die Klangprobe.

5 Trefft euch mit Kindern, die das gleiche Puzzle haben. Übertragt eure Sätze auf ein großes Blatt. Diskutiert: Gibt es im Satz eine besondere Ordnung der Wörter? Notiert in Stichpunkten.

6 Lies die Infos über Elefanten genau durch.

Interessantes über Elefanten, …

a) Elefanten benutzen ihren Rüssel gerne als Dusche.

b) Elefanten trinken an heißen Tagen bis zu 200 Liter Wasser.

c) Elefanten fächeln sich mit ihren großen Ohren kühle Luft zu.

d) Elefantenkinder leben bis zum 1 0. Lebensjahr bei ihren Müttern.

e) Elefanten arbeiten in Asien als Lastentiere und als Jagdelefanten.

Der Text ist aber sehr langweilig erzählt, findest du nicht?

7 Suche alle Prädikate, und kennzeichne sie.

8 Kreise alle anderen Satzglieder mit Bleistift ein.

Sätze umstellen – (k)ein Problem?

9 Verändere die Reihenfolge der Satzglieder.
Stelle jeden Satz einmal um.

Denk daran: **Satzglieder** bleiben beim Umstellen fast immer zusammen.

10 Lies die Sätze a) bis e) und danach die umgestellten Elefantensätze nacheinander laut vor.
Welcher Text klingt für dich interessanter?

Bei der Pantomime darfst du weder sprechen noch Geräusche machen.

1 Lies die Verben auf deinem Pantomimen-Zettel. Überlege, wie du die Verben pantomimisch darstellen kannst.

Hier ist Platz für deinen Pantomimen-Zettel. Klebe ihn sauber ein.

2 Suche dir verschiedene Partner, und spiele vor. Rate, welche Tätigkeiten deine Partner dir vorspielen.

3 Wähle ein Verb aus, und suche im Zoobild auf S. 29 das Tier, das zu diesem Verb passt. Schreibe einen vollständigen Satz auf, der genau beschreibt, was das Tier gerade tut.

____

____

Denk daran: Ein Satzglied kann aus mehreren Teilen bestehen.

4 Kennzeichne die anderen Satzglieder und das Prädikat.

5 Lies deinen Satz einem Partner vor. Kontrolliert: Klingen eure Sätze richtig und vollständig?

6 Übertrage deinen Satz möglichst deutlich und sauber auf ein größeres Blatt. Kennzeichne auch hier das Prädikat und die Satzglieder.

7 Setzt euch zu viert zusammen, und stellt eure Sätze vor. Beim Vorlesen gelten diese Regeln:
- Jedes Kind liest seinen Satz einmal ganz vor. Lies bitte langsam und deutlich.
- Beim zweiten, dritten und vierten Vorlesen wird immer ein Satzteil weggelassen.
- Die Zuhörer fragen immer nach dem weggelassenen Satzteil und notieren ihre Frage.
- Ordnet die Fragen nach gleichen Fragewörtern.

Tipp

zu Aufgabe 8: Die Fragen helfen euch bei der Antwortsuche.

8 Diskutiert: Welche Satzglieder tauchen in jedem Satz auf?

Langeweile gibt es im Zoo nicht ...

9 Beschreibe mit den anderen Verben deines Pantomimenzettels genau, was die Tiere gerade tun.

Satz Nr. 2: ______________________________

____

Satz Nr. 3: ______________________________

____

10 Kennzeichne das Prädikat und die übrigen Satzglieder.

11 Verkürze die Sätze, indem du ein Satzglied weglässt. Die Sätze müssen aber noch richtig klingen.

Im Aussagesatz steht das Prädikat meistens an der zweiten Stelle.

Verkürzter Satz Nr. 2: ______________________________

____

Achtung Fachbegriff!
Subjekt –
das Subjekt

Verkürzter Satz Nr. 3: ______________________________

____

12 Stell die Sätze so um, dass eine Frage entsteht? ⇆

Satz Nr. 2: ______________________________

____

Satz Nr. 3: ______________________________

____

13 Was geschieht bei Fragen mit dem Prädikat?

____

14 Ergänze die Satzanfänge:

Achtung Fachbegriff!
Satzergänzung –
die Satzergänzung

Auf die Frage: „Was tut ...?“ antwortet das __________.

Auf „Wer oder was ...?“ antwortet das __________.

Die übrigen Satzglieder nennen wir Satzergänzungen .

Verrückte Zoowelt

Die Zoobesucher trauen ihren Augen kaum,
denn die Tiere im Zoo spielen heute ein bisschen verrückt.

1 Lies die Sätze genau durch.

a) Der Eisbär hängt mit dem Kopf nach unten an der Höhlendecke.

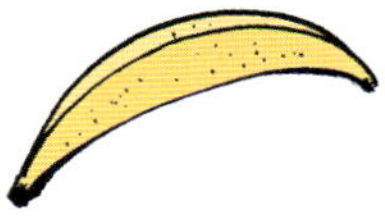

b) Der Adler muss seine Banane selbst schälen.

c) Das Nashorn hat sich oben in der Baumkrone versteckt.

d) Das Krokodil hüpft über hohe Felsen.

e) Der Delfin kriecht aus seinem Terrarium heraus.

f) Der Tiger kaut genüsslich die frischen Blätter.

g) Das Faultier möchte nach Fischen jagen.

h) Der Löwe ist mit dem Kopf unter Wasser getaucht.

i) Das Zebra rutscht von der Eisscholle in das Wasser hinein.

j) Der Wolf kann mit den Zoobesuchern sprechen.

k) Die Vogelspinne trinkt den ganzen Wassertrog leer.

l) Der Wärter schrubbt der Schildkröte die Stoßzähne ab.

2 Kennzeichne in jedem Satz das Subjekt.

3 Suche nun die Prädikate, und kennzeichne sie ebenfalls.

4 Vergleiche mit einem Partner.

1. Tipp
zu Aufgabe 2:

Das Subjekt antwortet auf die Frage „Wer oder was …?“

2. Tipp
zu Aufgabe 3:

Das Prädikat kann aus einem Teil oder mehreren Teilen bestehen.

Manche **Prädikate** ähneln sich in ihrer Form.

Tipp:

Beachte die Vorschläge im Spot.

Formulierungs-vorschläge:
einteilige Prädikate
mehrteilige Prädikate
geteilte Prädikate
Prädikate in verschie-denen Zeitformen

5 Setzt euch zu viert zusammen. Schreibt alle Prädikate einzeln auf Karten.

6 Fallen euch passende Überschriften ein? Notiert sie.

einteilige Prädikate
hängt

7 Übertrage die Prädikate in deine Tabelle.

Der Zoodirektor braucht dringend deine Hilfe.
Nur so kann er die Zoowelt wieder in Ordnung bringen.

8 Findet euch in eurer Gruppe zu zwei Partnern zusammen.

9 Ersetzt die Prädikate aus dem Text „Verrückte Zoowelt“ auf S. 31.
Schreibt die passenden Prädikate in die Lücken.

Die Tabelle auf S. 32 hilft dir bei Aufgabe 9.

So stimmt die Zoowelt wieder

a) Der Koalabär __________ oben in der Baumkrone.

b) Die Schlange __________ aus dem Terrarium __________.

c) Der Affe __________ seine Banane selbst __________.

d) Das Flusspferd __________ mit dem Kopf unter Wasser __________.

e) Das Känguru __________ über hohe Felsen.

f) Der Pinguin __________ von der Eisscholle in das Wasser __________.

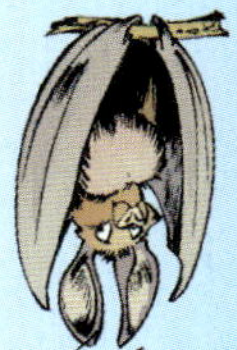

g) Die Fledermaus __________ mit dem Kopf nach unten an der Höhlendecke.

h) Der Papagei __________ mit den Zoobesuchern __________.

i) Die Giraffe __________ genüsslich die frischen Blätter.

j) Das Kamel __________ den ganzen Wassertrog __________.

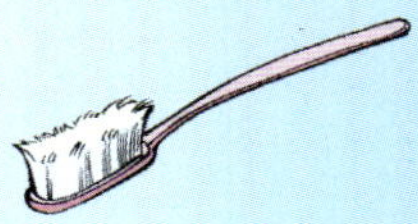

k) Der Wärter __________ dem Elefanten die Stoßzähne __________.

l) Die Robbe __________ nach Fischen __________.

10 Lies die Sätze, und kennzeichne die Prädikate.

11 Verbinde mehrteilige Prädikate wie im Beispiel.

Du weißt jetzt:
Das **Prädikat** kann ganz unterschiedlich aussehen.

Tier-Rekorde zum Staunen

a) Pumas springen aus dem Stand über 3,50 Meter hoch.

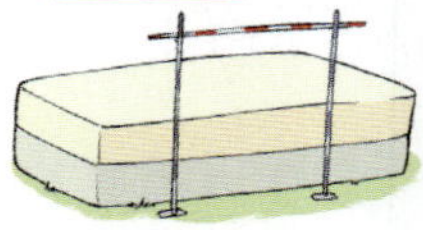

b) Der Vogel Strauß läuft mit 118 km/h schneller als alle anderen Tiere der Erde.

Sogar der Gepard verliert im Wettrennen gegen ihn.

c) Der Virginia-Hirsch springt 12 Meter weit.

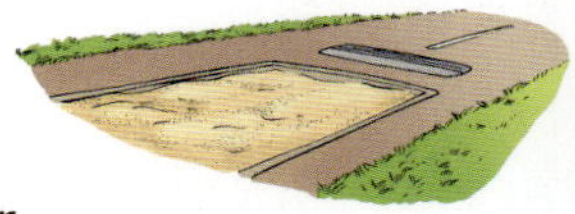

Er übertrumpft das Känguru um gut 3 Meter.

d) Der Fächerfisch hält mit 100 km/h den Schnellschwimm-Rekord.

Ein Delfin schwimmt „nur“ 80 km/h.

e) Wie weit kann ein Elefant schwimmen?

Kreuze an:

☐ 500 Meter ☐ 3 Kilometer ☐ 50 Kilometer

f) Kolibris legen die kleinsten Vogeleier der Welt.

Sie können außerdem vorwärts und rückwärts fliegen.

g) Einige Schildkrötenarten erreichen ein Alter von 100 bis 150 Jahren.

h) Kamele können in der Wüste 14 Tage ohne Wasser überleben.

Ein afrikanischer Elefant soll 50 Kilometer geschwommen sein.

12 Schreibe auch diese Prädikate in die Tabelle auf S. 32.

1 Schau dir das Bild genaue an. Überlege dir ein Rätsel wie im Beispiel: „Ich seh ein Tier, das du nicht siehst, und <u>das kauft ein Eis</u>.“ Beschreibe genau.

Zoo Sansibar – der lustigste Zoo der Welt

2 Notiere alle Prädikate, die du im Bild „entdeckst“.

Den Satzergänzungen auf der Spur

Tipp:

zu Aufgabe 4:
Such im Zoobild ein Tier, zu dem dein Prädikat passt. Beschreibe genau, was das Tier tut.

Achtung Fachbegriff!
Satzergänzung –
die Satzergänzung

Welche Gruppe beantwortet die meisten Fragen richtig?

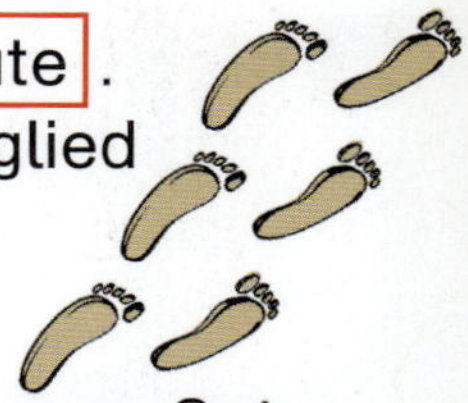

3 Einige dich in deiner Gruppe auf vier Prädikate. Verteilt die vier Prädikate. Jedes Gruppenmitglied beschäftigt sich nun mit einem Prädikat.

4 Schreibe einen gut formulierten, möglichst langen Satz zu deinem ausgewählten Prädikat auf.

____

____

5 Kennzeichne alle Satzglieder: das Subjekt △, das Prädikat ▭ und die Satzergänzungen ⬭.

6 Formuliere zu allen Satzgliedern Fragen und kurze Antworten. Kontrolliert und helft euch in eurer Gruppe.

____

____

____

____

____

____

____

7 Setzt euch mit einer anderen Gruppe zusammen und spielt ein Frage-Antwort-Quiz.

8 Schreibt die Fragewörter für die Satzergänzungen sauber auf grüne, ovale Karten.

9 Übertrage die gesammelten Fragewörter von der Tafel in die Satzbautafel.

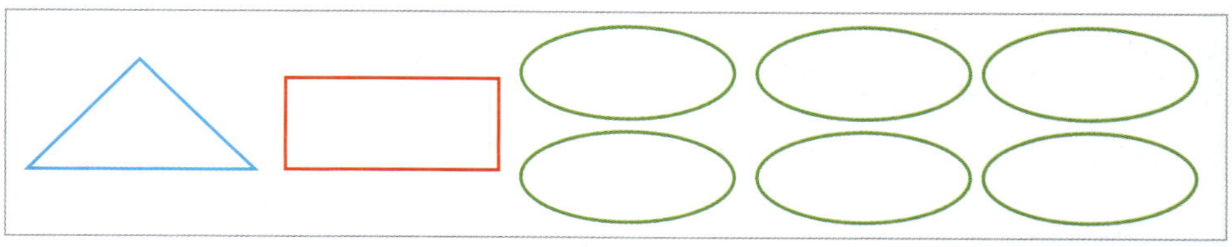

1 Bearbeite zunächst allein und dann mit deinem Partner die Aufgaben auf dem Arbeitsblatt: „Ein großes Durcheinander im Zoo Sansibar“.

2 Notiere die vier Sätze, die ihr gebildet habt.

Prädikat und Subjekt sind besondere Satzglieder. Die übrigen Satzglieder nennen wir Satzergänzungen. Nach Satzergänzungen kannst du ebenfalls fragen.

3 Kennzeichne Subjekt, das Prädikat und übrige Satzergänzungen.

4 Setzt euch mit einem anderen Zweierteam (Text A und Text B) zusammen. Lest abwechselnd eure Sätze vor. Die Zuhörer „bauen“ nach jedem vorgelesenen Satz eine Satzbautafel mit Subjekt, Prädikat und den passenden Satzergänzungen.

5 Kontrolliert eure Satzbautafel durch Fragen und Antworten.

6 Übertragt Subjekt, Prädikat und die Satzergänzungen in euren Satzbaukasten auf Seite 38/39.

Subjekt Wer oder was?	Prädikat Was tut …?	Wen-Ergänzung Wen oder was?

Klingen deine Sätze richtig?

7 Bilde drei neue Sätze. Kennzeichne das Subjekt, das Prädikat und die übrigen Satzergänzungen.

Tipp:

Die Sätze können auch lustig sein.

Wessen-Ergänzung Wessen?	Wem-Ergänzung Wem oder was?

8 Ersetze in jedem Satz das Subjekt, das Prädikat oder eine Satzergänzung.

Erinnerst du dich?
Nicht jeder Satz muss mit dem Subjekt beginnen.
Kannst du Satzglieder umstellen?

Klingen deine Sätze trotz der Umstellung immer noch richtig?

8 Ein Satzbaustellen-Merkblatt entsteht

1 Tom und Nele möchten beide ein Satzbaustellen-Merkblatt entwerfen. Einige dich mit deinem Partner, welchen Entwurf du dir genauer anschauen möchtest.

2 Beurteile den Entwurf, und notiere in einer Tabelle, was dir gut ☺ und was dir nicht so gut ☹ gefällt.

Der Satz und seine Wörter

Ein Satz besteht aus mehreren Wörtern.
Fachbegriffe – aufgepasst!

1. Das Prädikat
   Das Prädikat kommt in jedem Satz vor. Es ist das Verb im Satz. Mit dem Prädikat frage ich nach dem Subjekt.
   Das Prädikat steht im Satz meistens an zweiter Stelle.

Beispiel: Mein Hund …
Es kann aber auch an erster Stelle stehen.

2. Das Subjekt
   …

Fachbegriffe

Der Satz und seine Wörter

Erklärungen/Beispiele

Das Prädikat

Das Verb ist im Satz das Prädikat.
Das Prädikat kommt in jedem Satz vor.
Im Aussagesatz steht das Prädikat an zweiter Stelle.
Beispiel: Ich gehe in die Schule.
Im Fragesatz stehen einteilige Prädikate an erster Stelle.
Beispiel: Spielst du gerne Fußball?
Das Prädikat kann aus einem oder mehreren Teilen bestehen.
Beispiele: Ich möchte ein Eis essen.

3 Stellt euch eure Entwürfe gegenseitig vor.

4 Schreibt ein Satzbaustellen-Merkblatt mit allen wichtigen Informationen über Sätze und Wörter.
Einigt euch dazu auf eine Vorlage, oder gestaltet ein Satzbaustellen-Merkblatt nach euren eigenen Ideen.

☺

☹

Tipp
zu Aufgabe 4:

Euer Satzbaustellenbuch, die Spots und die Plakate in der Klasse helfen euch.